INAUGURATION
DE LA
MAISON COMMUNE
D'AUTEUIL.

Cette fête est l'anniversaire de l'abolition de la servitude des campagnes, des droits féodaux, de la chasse et des dîmes. Elle doit rappeller la mémoire des grands hommes qui ont préparé le triomphe de la liberté.

MM les officiers municipaux et les deux bataillons des gardes nationaux du canton y seront invités

Le dimanche, 5 août, à cinq heures de l'après-midi, le corps municipal d'Auteuil rendu sur la place d'armes avec la garde nationale, ira jusqu'au rond de Mortemart du bois de Boulogne au-devant des deux municipalités que M. le maire complimentera.

De-là, le cortège en ordre de marche se dirigera vers l'ancienne maison commune, pour en transporter le drapeau, la pierre de la bastille, les bustes des grands hommes, la déclaration des droits de l'homme et la constitution.

Le cortège arrivant sur la place de la nouvelle maison commune, déposera successivement sur l'autel de la patrie, les bustes de J. J. Rousseau, Voltaire, Francklin, Helvétius et de Mirabeau, les groupes qui les accompagneront se rangeront dans l'ordre qui sera indiqué; ensuite M. le maire prononcera le discours suivant:

CITOYENS,

Cette fête solemnelle a pour objet de consacrer ce monument à de grands souvenirs. Contruit par les soins de MM. Molinos et Legrand, qu'unissent depuis long-tems le génie des arts et de l'amitié, et modelé sur celui qu'élevoit à la Sagesse, le plus ancien des peuples libres; il rappellera sans cesse à vos descendans les premiers jours, ces jours glorieux de votre liberté conquise.

Là seront déposés les titres qui vous en assurent la jouissance, les lois qui vous apprendront à l'aimer, les bustes des grands hommes qui vous ont enseigné à la recouvrer et à la défendre.

Les municipaux investis de votre confiance, y viendront discuter vos intérêts les plus chers, veiller en magistrats courageux sur vos droits, et vous parler fraternellement de vos devoirs d'hommes libres et de citoyens.

Voyez au fronton de cet édifice, cette pique, ce faisceau serré du lien de l'égalité et de la liberté; voilà le symbole de votre force et de votre union. Divisés, vous serez foibles : de nouveaux tyrans vous opprimeront : vous n'aurez pas même le choix de vos fers.

Unis au nom de la loi, vous n'aurez bientôt plus d'ennemi à craindre; votre volonté unanime fera votre force et suffira pour les contenir et les dissiper. Aimeriez-vous mieux obéir à leurs ordres arbitraires, qu'aux lois éternelles de la nature et de la raison, promulguées par vos représentans?

Citoyens, vieillis dans la servitude, rappellez-vous quelles injustices étoient le prix de vos sueurs et de vos travaux, rappellez-vous combien de fois l'honorable indigence fut insultée par ceux même qui l'aggravoient, qui lui demandoient des services et lui refusoient des salaires.

Vous, citoyens-soldats, dont on prodiguoit le sang dans d'injustes guerres, la gloire de vos maîtres faisoit nos malheurs, vos triomphes scelloient notre oppression, et de l'excès de nos maux est sorti la nécessité d'y remédier.

Jeunes citoyens, nés à l'aurore de la liberté, c'est pour vous que nous l'aurons conquise, c'est pour vous que la patrie ne sera plus un vain nom. Quand tous ses tyrans seront vaincus, vous n'aurez qu'à recueillir les fruits d'un héritage qui coûte à vos pères tant de généreux sacrifices.

O vous tous! mes concitoyens, vieillards, femmes, enfans, soldats défenseurs de la patrie, écoutez ce que cette mère commune vous dit par ma bouche. Mes enfans, s'écrie-t-elle : si vous vous aimez en frères, si votre respect pour la loi égale votre courage pour la défendre, si vous vous confiez sagement dans la vigilance des représentans du peuple qui en sont les organes, vous jouirez en paix de vos droits, de vos propriétés, et de la liberté qui vous est acquise. Le calme renaîtra dans l'empire; l'abondance et la circulation libre rétablie, facilitera le payement des impôts. Leur charge deviendra moins onéreuse, et vos moyens de subsistance augmenteront à mesure que votre union et votre force mettront vos ennemis dans l'impuissance de vous nuire. Ralliez-vous autour de mon autel; je n'accepte vos hommages, comme divinité tutélaire, qu'en vous assurant, comme mère tendre, tous les bienfaits de votre révolution.

Voilà ce que vous dit la patrie, ce que vos magistrats vous répéteront sans cesse. Vous ne les avez choisis que pour veiller sur vos droits et vous rappeller vos devoirs. M'est-il permis d'ajouter? Quand vous les dévoués à ces nobles fonctions, laissés les du moins se flatter, qu'en s'occupant de votre bonheur, le tems qu'ils y consacrent, n'est point perdu pour eux, que votre docilité à leurs conseils en sera le prix et votre estime leur récompense.

Ombres illustres que nous environnons. le bien de l'humanité, l'amour du peuple a fait le dévouement de votre vie entière. Deux de vous, dont j'étois l'ami, vivent encore dans mon cœur. Vous respirés au milieu de nous dans vos ouvrages immortels : ils ont instruit notre jeunesse : ils sont les codes originaux de nos loix.

Placés dans ce temple auguste de la patrie, le culte de notre reconnoissance attestera vos bienfaits à la postérité. Vos muettes images nous rappellant sans cesse vos leçons et vos exemples, commanderont le respect aux saintes loix que nous avons juré d'observer. Et quand nous vous rejoindrons dans le silence éternel du tombeau, nous vous dirons; Et nous aussi, nous avons aimé la Patrie.

Buste de J. J. Rousseau.

Les musiciens qui auront immédiatement précédé les bustes joueront l'ouverture du Devin du village : le plus jeune d'entr'eux couronnera le buste de J. J. Rousseau.

Le groupe des officiers municipaux s'approchera de l'autel en saluant le buste et déposeront au pied des rameaux de chêne : M. le Maire le couronnera et proclamera :

» *Citoyens, honneur à J. J. Rousseau législateur. Honneur à l'auteur du contrat social, cette pierre fondamentale de la constitution.* »

Musique guerrière pendant laquelle on transportera le buste dans la nouvelle maison commune.

Buste de Voltaire.

Le Buste sera pareillement déposé sur l'autel de la Patrie ; on exécutera l'air : *vive Henri IV.* qui rappelle la Henriade, et M. le Maire proclamera : *honneur au génie de Voltaire qui fut poëte et philosophe ;*

ses maximes répandues préparèrent la révolution : il y a long-tems qu'il vous a dit :

« Les mortels sont égaux, ce n'est pas la naissance,
« C'est la seule vertu qui fait leur différence ».

Ses ouvrages instruisirent les hommes en les amusant; ils détruisirent les préjugés et la superstition : rendons hommage à ce grand homme.

Buste de Francklin.

Le buste déposé sur l'autel, on exécutera l'air *ça ira*. M. le Maire proclamera : » *honneur au génie de Francklin, ce bon patriarche qui sut appliquer la science trop souvent inutile aux besoins de l'humanité. Il perfectionna l'imprimerie, l'agriculture, la physique : inventa le paratonnerre, établit l'indépendance dans l'Amérique sa patrie et il prépara les voies de notre liberté. Honneur à Francklin, l'auteur de la science du bonhomme Richard et l'inventeur du refrain* ça ira : *des patriotes.*

Couronnement du buste, air : *ça ira;* on emportera le buste.

Buste d'Hélvetius.

Le buste déposé sur l'autel, M. le Maire proclamera : » *honneur au génie d'Hévetius, ce philosophe bienfaisant qui se livra à l'instruction de l'humanité. Il jetta par ses écrits les premiers fondemens de la liberté. Ses ouvrages et ses vertus lui assurent un nom immortel et la reconnoissance de tous les amis de la liberté.*

» *Honneur à Helvetius l'ennemi de tous les tyrans de l'esprit ou de la raison.*

Air : où peut-on être mieux qu'au sein de sa famille. Couronnement du buste par ses parents, et ses amis.

Buste de Mirabeau.

Le buste déposé, on exécutera un air grave.

M. le Maire proclamera : » *honneur au génie de Mirabeau le héros de la révolution, la victime du despotisme, l'orateur de la liberté. Citoyens, vous avez entendu sa voix, cette voix tonnante qui a maintenu vos droits : répétons tous devant son image le serment de vivre libres où de mourir.*

Couronnement du buste, serment, musique guerrière, translation de la pierre de la Bastille, du drapeau, de la constitution ect.

Les cinq bustes des grands hommes, seront placés dans la nouvelle maison commune par MM. Molinos et Legrand, architectes, qui ont dirigé le monument, et seront aidés par le maçon qui a exécuté leur projet.

Lorsque tous ces objets seront déposés, M. le Maire se tiendra sur les marches de la nouvelle maison commune et dira : » *Citoyens, cette maison est commune à tous ceux qui ont du civisme et du courage ; les dépots qu'elle renferme et qui vous sont confiés sont plus précieux que l'or : cet or n'enfanta trop souvent que des vices ; le respect pour les grands hommes n'inspira jamais que des vertus.*

HYMME

A LA LIBERTÉ.

La Liberté soumise aux Lois
Aujourd'hui règne sur la France.
Des biens reconquis à sa voix,
Amis, embrassons l'espérance.
  Réunis par l'égalité
Sous les étendards de la gloire,
Marchons, volons à la victoire,
Aux accens de la liberté.

Français, de vos fers délivrés,
Craignez un nouvel esclavage.
Contre vos Tyrans conjurés,
Armez vos bras, votre courage.
  Réunis, etc.

Vos cœurs ne sont plus abattus;
La Loi souveraine commande :
Seule, elle impose vos tributs,
Sa Justice en règle l'offrande.
  Réunis, etc.

De la Patrie enfans égaux,
Espérons des jours plus prospères,
En forçant même nos rivaux,
A former un peuple de frères.
Réunis, etc.

A nos perfides oppresseurs
Rendons utiles nos conquêtes.
Dans l'accord parfait de nos cœurs,
Nos triomphes seront des fêtes.
Réunis, etc.

O! Liberté, rends-nous la paix,
La paix ramène l'abondance.
Elle embellit de ses bienfaits
Les beaux jours de l'indépendance.
Réunis, etc.

Nous t'implorons, sur cet autel
Reçois nos hommages champêtres.
Nous jurons ton culte immortel
Sur la cendre de nos ancêtres.
Réunis, etc.

Avec de plus rigides mœurs
Rends-nous la foi du premier âge.
Et renouvelle dans nos cœurs
Tes vertus, ta fierté sauvage.
Réunis, etc.

Fais-nous triompher des Germains,
De ces phalanges meurtrières,
Que des Despotes inhumains,
Mènent ravager nos frontières.
Réunis, etc.

En amour de nos saintes Lois,
Change leur rage mercenaire.
Où que nos glorieux exploits
Enchaînent leur bras sanguinaire.
Réunis, etc.

Conduis ton char aux bords du Rhin,
Enflamme notre ardeur guerrière,
Étends ton pouvoir souverain,
Et règne sur l'Europe entière.
Réunis, etc..

NOTE.

Description de la Maison-commune d'Auteuil.

La nouvelle maison-commune d'Auteuil est bâtie dans la forme des premiers temples Grecs. Sa simplicité n'a pas permis d'y employer des colonnes ; mais les détails de l'entablement extérieur sont parfaitement semblables, et moitié environ de la proportion de ceux du temple de Minerve à *Athènes*, bâti par les architectes *Ictinus et Callicrates*, dont on sait que *Phidias* dirigeoit aussi l'exécution, en l'enrichissant de ses ouvrages.

Les profils de l'intérieur sont ceux du tombeau de *Philecus*, petit monument encore existant près des ruines de l'ancienne Stratonicée.

Les bustes de J. J. Rousseau, Voltaire, Franklin, Helvetius et Mirabeau orneront cet édifice qui deviendra un véritable Panthéon, lorsqu'on aura rassemblé dans son enceinte, comme on le projette, les hommes illustres qui ont habité ce pays. Ceux de Boileau et de Molière occuperont les premières places et formeront un attrait de plus pour les gens de lettres et les artistes qui viennent fréquemment méditer sous les ombrages frais et tranquilles que leur ofrre cette partie du bois de Boulogne qui tient au village d'Auteuil.

De l'Imprimerie du Cercle Social, rue du Théâtre-François.

www.ingramcontent.com/pod-product-compliance
Lightning Source LLC
LaVergne TN
LVHW052040160826
845678LV00003B/1449

* 9 7 8 2 3 2 9 6 3 3 1 8 3 *